AF500459

LES PLAISIRS DE LA PAIX,

BALET,

REPRESENTÉ POUR LA PREMIERE FOIS PAR L'ACADÉMIE ROYALE DE MUSIQUE,

Le Lundi vingt-neuviéme Avril 1715.

Le prix est de trente sols.

A PARIS,

Chez PIERRE RIBOU, seul Libraire de l'Académie Royale de Musique, Quai des Augustins, à la descente du Pont-Neuf, à l'Image Saint Loüis.

M. DCC. XV.

Avec Approbation, & Privilege du Roy.

AVERTISSEMENT.

ON s'étoit proposé de donner cette Piece pendant le Carnaval : Mais les travaux de l'Opera de Proserpine ne l'ayant pas permis ; on a été obligé d'en differer la premiere Representation jusqu'à l'ouverture du Théatre.

Ce Balet est une Allegorie sur la Paix, dont il est aisé de découvrir les rapports. L'Hyver signifie la tranquilité qui regne presentement dans l'Europe, & Venus l'intelligence rétablie entre les Nations. Les Cyclopes representent les Arts, Bachus & Comus l'Abondance ; Momus & le Carnaval ont pour application les Plaisirs & les Divertissemens.

Quoyque chaque Entrée ait son sujet particulier, on a pris soin de les lier toutes par des Intermedes ; ensorte que la Piece & le Prologue ne sont qu'un même sujet.

La Scene se passe dans le Palais de l'Hyver, c'est-à-dire, dans le séjour de la Tranquilité, & tous les Changemens du fonds du Théatre ne doivent être considerez que comme des décorations qui servent d'ornemens aux differentes Fêtes que les Divinitez y introduisent.

ACTEURS DANSANTS du Prologue & de la Piece.

LES PLAISIRS.

Messieurs Germain, Gaudrau.

Mesdemoiselles Leroy, Rameau.

LES JEUX.

Messieurs P-Dumoulin, Dangeville.

Mesdemoiselles Lemaire, Dupré.

SUITE DE VENUS.

LES GRACES.

Mademoiselle Guyot.

Mesdemoiselles Isecq, la Ferriere, Haran.

LES AMOURS.

Messieurs Paris, Rameau, Boizot, Lamotte.

PREMIERE ENTRE'E.

FORGERONS.

Monsieur D-Demoulin.

Messieurs Blondy, Marcel, Javilliers, Pierret, Guyot, Duval, Malterre, Dupré.

NATIONS.

ALLEMANS.

Monsieur Dangeville.

Messieurs Ferrand, Pierret.

ALLEMANDES.

Mesdemoiselles Duval Rameau.

POLLONOIS.

Messieurs Blondy, Marcel.

POLLONOISES.

Mesdemoiselles Menés, Isecq.

HOLLANDOIS.

Messieurs F-Dumoulin, P-Dumoulin.

HOLLANDOISES.

Mesdemoiselles la Ferriere, Haran.

SUISSES.

Messieurs Germain, Gaudrau.

SUISSESSES.
Mesdemoiselles Lemaire, Dupré.

SECONDE ENTRE'E.

BUVEURS.
Monsieur Blondy.
Messieurs Germain, Gaudrau, Ferrand, Pierret, F-Dumulin. P-Dumoulin, Dangeville, Dupré.

FESTE DE VILLAGE.

UN PASTRE.
Monsieur F-Dumoulin.

BERGERS & BERGERES.
Monsieur D-Dumaulin, Mademoiselle Prevost.
Messieurs Guyot, Malterre, Duval, Rameau.
Mesdemoiselles Mangot, Duval, Chasteauvieux, Brunel.

TROISIE'ME ENTRE'E.

MASCARADE.

MASQUES SERIEUX.
Monsieur Marcel, Mademoiselle Guyot.
Messieurs Duval, Guyot: Malterre, Rameau, Dupré.
Mesdemoiselles Haran, Mangot, Ramean, Chasteauvieux, Brunel.

MASQUES COMIQUES.

PELLERINS.
Messicurs Germain, Javilliers.

PELLERINES.
Mesdemoiselles Dupré, Duval.

AUTRES MASQUES.
Messieurs Dumoulin L, Marcel.
Mesdemoiselles Menés, Isecq.

MASQUES COMIQUES.
Messieurs Gaudrau, Pierret.
Mesdemoiselles Lemaire, Leroi,

UN VIEUX Le petit Boizot.
UNE VIEILLE Le petit Paris.
Monsieur F-Dumoulin, Mademoiselle la Ferrierre.

Noms des Acteurs & des Actrices chantans dans tous les Chœurs du Prologue & du Balet.

PREMIER RANG.

Mesdemoiselles

Millon.
Pasquier.
Menez Cad.
Guillet.
La Roche.
Tettelette.

Messieurs

Paris.
Corbie.
Lemire-L.
La Rosiere.
Daniel.
Thomas.
Aubeau.
Dautrest.
Verni.
Le Comte.

SECOND RANG.

Mesdemoiselles.

Bourgoin.
Mesnier.
Kercoffen.
Du Laurier.
Constance.
Boisseau.

Messieurs

Le Jeune.
Alexandre.
Morand.
Fossier.
Lemire Cad.
Deshais.
Corail.
Lebel.
Duplessis.
Frere.
Berthelin.

ACTEURS DU PROLOGUE.

L'HYVER, — M. Mantienne.
Suivans de l'Hyver.
Plaisirs de la Suite de l'Hyver.
UN PLAISIR *chantant,* — M. Bourgeois.
VENUS, — Mad[lle] Antier.
Troupe d'Amours & de Graces.

PREMIER

PREMIER INTERMEDE.

LES CYCLOPES.

ACTEURS.

PREMIERE ENTRE'E.

L'ASSEMBLE'E.

LICIDAS, *Amant de Cephise*, M. Bourgeois.
CLITANDRE, *Ami de Licidas*, M. Dun.
CEPHISE, *Amante de Licidas*, Mlle Huzé.
UN CONDUCTEUR *de la Fête*, M. Mantienne.
Troupe de Personnes de differentes Nations.
ISABELLA, *Italienne*, Mlle Antier.
VALERIO, *Italien*, M. Hardoüin.
Musiciens joüants de differents Instruments, qui accompagnent le Concert Italien.
UNE FRANCOISE *chantante*, Mlle Constance.

SECOND INTERMEDE.

BACHUS, M. Buzeau.
COMUS, *Dieu des Festins*, M. Foissier.
Suite de Bachus & de Comus,

SECONDE ENTRE'E.

FESTE DE BUVEURS.

LICAS, *Buveur*, M. Thevenard.
CLITON, *Valet de Licas*, M. Mantienne.
TIMANTE, *Berger*, *Amant d'Iris*, M. Cochereau.
IRIS, *Bergere*, *Amante de Timante*, Mlle Poussin.
Troupe de Bergers & de Bergeres.
UNE BERGERE *chantante*, Mlle Kercoffen.

Troupe de Buveurs.
UN BUVEUR *chantant,* M. Murayre.

TROISIEME INTERMEDE.

MOMUS, M. Le Bel.
Suivans de Momus.

TROISIEME ENTRÉE.

LE JALOUX PUNI.

LA SERENADE,

COMEDIE.

ALCANTOR, *Amant Jaloux,* M. Dun.
CLARICE, *Amante de Lisis, aimée d'Alcantor.* Mlle Huzé.
ELISE, *Suivante de Clarice,* Mlle Boisseau.
LISIS, *Amant de Clarice.* M. Buzeau.
GUSMAN, *Valet de Lisis,* M. Mantienne.
Troupe de Gens armez.
MUSICIENS *chantants.*
UNE MUSICIENNE, Mlle Meignier.
MUSICIENS *joüants de differents Instruments.*
Parens & Amis de Lisis & de Clarice.

DERNIER INTERMEDE.

MASCARADE.

LE CARNAVAL, M. Corbie.
Troupe de Masques.
Troupe de Personnages Comiques.
UN MASQUE *chantant,* M. Cochereau.
UNE DAME *Masquée.* Mlle Antier.

LES PLAISIRS DE LA PAIX,

BALET.

PROLOGUE.

Le Théatre represente le Palais de l'Hyver. On découvre au travers du vestibule, des Campagnes couvertes de neige.

L'HYVER paroît avec sa Suite.

L'HYVER.

L'UNIVERS sous mes loix joüit d'un sort tranquile ;
Des Plaisirs & des Jeux mon Empire est l'azile,
On y voit regner les Amours.

Loin du bruit terrible des Armes
Je fais briller les plus doux charmes,
Et du sein des frimats éclore de beaux jours.

Les Plaisirs de la Suite de l'Hyver forment des danses.

L'HYVER.

Quelle clarté nouvelle
Vient embellir ces lieux!
Des Divinitez la plus belle,
Venus descend des Cieux.

VENUS *descend dans un nüage brillant. Elle est accompagnée des Amours & des Graces.*

VENUS.

Ah! que votre Empire est aimable!
Hyver, vous l'emportez sur les autres Saisons.
Celle des Fruits & celle des Moissons
Ne font pas aux humains un sort si favorable.
Vous charmez plus les tendres cœurs
Que ne fait la Saison des Fleurs.

Joüissez de votre victoire:
Que tout la celebre en ce jour.
Vous faites triompher l'Amour,
Vous devez partager sa gloire.

LE CHOEUR *des Graces repete les quatre derniers Vers.*

VENUS.

Venez, Peuples divers, accourez en ces lieux;
Venez tous rendre hommage au plus puissant des Dieux.

Danses des Amours & des Graces.

UN PLAISIR *& les Chœurs.*

Aimez sans cesse,
L'Amour vous en presse;
Que ses ardeurs
Regnent dans tous les cœurs.

Les plus beaux jours
Sont faits pour la tendresse;
Et la Jeunesse
Appartient aux Amours.

Aimez sans cesse,
L'Amour vous en presse;
Que ses ardeurs
Regnent dans tous les cœurs.

Loins des allarmes,
Jeux pleins de charmes;
Tendres Plaisirs
Flatez tous les desirs.

Aimez sans cesse,
L'Amour vous en presse;
Que les ardeurs
Regnent dans tous les cœurs.

Les danses continüent.

VENUS.

Mars excitoit un horrible carnage,
Et portoit sa fureur en cent climats divers:
Le plus grand des Héros a dissipé l'orage
Qui depuis si long-tems effrayoit l'Univers.

VENUS & L'HYVER.

Ce Monarque a banni la Guerre.
Rassemblez-vous, Jeux charmans.
La Paix vient regner sur la Terre,
Reprenez vos agrémens.

LES CHOEURS *repetent ces quatre Vers.*

VENUS.

Cyclopes, pour mon Fils signalez votre zele:
Embellissez ces lieux de mille attraits nouveaux.
Faites ceder vos pénibles travaux
A cet emploi charmant où Venus vous appelle.

Cyclopes pour mon Fils signalez votre zele :
Embellissez ces lieux de mille attraits nouveaux.

Les Cyclopes viennent recevoir les ordres de Venus, & se disposent à les executer.

VENUS.

Préparez des Fêtes nouvelles.
Amour, fais éprouver tes flâmes les plus belles.
Dieux des Plaisirs, accourez tous
Dans un séjour si doux.

LES CHOEURS.

Un Monarque a banni la Guerre.
Rassemblez-vous, Jeux charmans;
La Paix vient regner sur la Terre,
Reprenez vos agrémens.

Fin du Prologue.

PREMIER INTERMEDE.

LES CYCLOPES

attachent aux Colonnes du Palais des Trophées galans, & d'autres ornemens convenables à la Fête que VENUS fait préparer ; ils disposent des Balcons pour placer les Spectateurs, & ensuite forment une Entrée.

PREMIERE ENTRÉE

L'ASSEMBLÉE.

Le Théatre represente le Palais de l'Hyver orné par les Cyclopes.

SCENE PREMIERE.

LICIDAS, CLITANDRE.

LICIDAS.

NON, laissez-moi gémir sous le poids de ma chaine ;
Je ne veux point troubler vos Jeux.

Quand la rigueur d'une inhumaine
Nous fait souffrir un tourment rigoureux,
Le seul plaisir d'un amant malheureux
Est de s'occuper de sa peine.

CLITANDRE.

Espere qu'un heureux moment
Finira ton cruel tourment.

Dans les jours de réjoüissance,
Un tendre Amant qu'anime la constance
Peut se flater d'être écouté.
Au milieu des Plaisirs la plus fiere Beauté
Aime souvent sans qu'elle y pense.

Espere qu'un heureux moment
Finira ton cruel tourment.

LICIDAS.

Je l'ai trop attendu ce moment favorable :
Mais, hélas ! je n'espere plus
Voir finir mon sort déplorable,
Les vœux d'un malheureux sont des vœux superflus.

CLITANDRE.

Cephise vient. Je te laisse avec elle.

LICIDAS.

Evitons plûtôt la Cruelle.
Rien ne peut fléchir sa rigueur !
Je veux lui cacher ma douleur.

SCENE II.

CEPHISE *seule.*

COeurs insensibles,
Hélas! que vôtre sort est doux!
Du Dieu qui fait aimer vous méprisez les coups,
De vos jours fortunez les momens sont paisibles.
Ah! que ne suis-je comme vous,
Cœurs insensibles!

Sur moi l'Amour exerce son pouvoir:
Il embrase mon cœur d'une ardeur mutuelle
Pour un Amant tendre & fidele,
Que ma feinte froideur reduit au desespoir.
Hélas! par quelle loi cruelle,
Faut-il quand l'Amour vous appelle,
Etre obligé d'écouter le devoir?

On prépare les Jeux. Licidas va paroître.
Mes yeux, armez-vous de rigueur.
Gardez-vous bien de lui faire connoître
Que je partage sa langueur.

SCENE III.

CEPHISE, LICIDAS.

LICIDAS.

J'Esperois que mes vœux, mes soûpirs, ma constance

Pourroient vous faire un jour
Aimer à votre tour.
J'ai mal fondé mon esperance.
Aprés de longs tourmens je sens le même amour,
Et je vous vois aussi la même indifference.
Faut-il, hélas! qu'une si tendre ardeur
Ne puisse engager votre cœur?

CEPHISE.

Avec un soin extrême
Je fuis l'amoureuse loi,
Et si l'on m'aime,
C'est malgré moi.

LICIDAS.

Faut-il que par un sort contraire,
Dont mon cœur se sent allarmer,
Je ne puisse que vous aimer!
Que vous ne sçachiez que me plaire!

Inhumaine Cephise, hélas!
Vos injustes mépris causeront mon trépas.

Je ne veux plus long-tems vous contraindre.
Fidele à des ardeurs que rien ne peut éteindre,
Je vais languir loin de vos yeux.

CEPHISE.

Arrêtez, Licidas, & me connoissez mieux.

LICIDAS.

Pour calmer ma douleur qu'avez-vous à me dire ?

CEPHISE.

Que vous me causez d'embarras !
Je n'ose m'expliquer; mais enfin je soûpire.

LICIDAS.

Me refuserez-vous un aveu plein d'appas ?

CEPHISE.

Mon indifference
N'a pû changer votre cœur:
Votre constance
Desarme ma rigueur.

LICIDAS.

Dieux! quel changement favorable!
Pouvois-je me flater d'être heureux en ce jour ?

CEPHISE.

Je n'ai feint d'être inexorable
Que pour éprouver votre amour.

LICIDAS.

Ah! que ta chaîne est belle!
Amour, quelle douceur de ressentir tes feux!
Quand de l'Amant le plus fidele,
Tu fais l'Amant le plus heureux.

ENSEMBLE.

De notre tendresse
Que rien ne trouble le cours.
Aimez-moi sans cesse,
Je vous aimerai toujours.

LICIDAS.

Voyons la Fête,
Que l'on apprête.
Ah! que les plaisirs ont d'attraits!
Quand on peut les goûter en paix.

ENSEMBLE.

Ah! que les Plaisirs on d'attraits!
Quand on peut les goûter en paix. *

* *Cephise & Licidas se placent pour voir les Jeux.*

SCENE IV.

UN CONDUCTEUR DE LA FESTE, LICIDAS, CEPHISÆ.

LE CONDUCTEUR *de la Fête.*

Que chacun s'empreſſe
De venir dans ce ſéjour
Faire ſa cour
Au Dieu de la Tendreſſe.

Raſſemblez-vous, heureux Amans,
Formez les Jeux les plus charmans.

Pluſieurs Perſonnes de differentes Nations viennent former une Fête galante. Une partie ſe place dans les Balcons, & les autres danſent.

SCENE V.

LE CONDUCTEUR DE LA FESTE, CEPHISE, LICIDAS, CLITANDRE, CHOEUR & *Troupe de differentes Nations.*

LE CHOEUR.

RAssemblons-nous, heureux Amans,
Formons les Jeux les plus charmans.

LE CONDUCTEUR *de la Fête.*

Triomphez charmantes Beautez.
Ah! que dans ces aimables Fêtes
Vous allez faire de Conquêtes!
Nos cœurs vont au-devant des coups que vous portez.
Triomphez, charmantes Beautez.

Cédons au Dieu de la Tendresse;
C'est par vous qu'il regne en tous lieux.
L'Amour emprunte de vos yeux
Les traits dont il nous blesse.

Triomphez, charmantes Beautez.
Ah! que dans ces aimables Fêtes
Vous allez faire de Conquêtes?

Nos

Nos cœurs vont au-devant des coups que vous portez.
Triomphez, Charmantes Beautez.

LE CHOEUR.

Triomphez, charmantes Beautez.
Quel jour plein de gloire!
Mille Amans enchantez
Celebrent la victoire
Que vous remportez.

Triomphez, charmantes Beautez.

Les Danses continuent.

VALERIO & ISABELLA *chantent un Dialogue Italien. Plusieurs Instrumens les accompagnent.*

ISABELLA.

Col seren di queste ciglia
L'alme abbaglio più ritrose;
D'alla guancia mia vermiglia
Han la porpora le rose.

VALERIO.

Promettetemi, ô labbri vezzosi,
Di donarmi bramata mercè:
Che se siete si belli e amorosi,
Ve promette il mio cor la sua fè.

ISABELLA.

A te vola il mio pensier,
E fermarlo non poss' jo:
Ch'egli spinto e dal desio,
Lusingato dal piacer.

VALERIO.

Dò bando al tormento,
Respira il mio cor:
Ne pena più sento
Di freddo timor.
Dò bando al tormento,
Respira il mio cor.

Sens des Paroles Italiennes.

ISABELLE.

Lorsque l'on me voit, on s'expose
A brûler de mille ardeurs:
C'est de mon teint que la rose
Emprunte ses vives couleurs.

VALERE.

Vous pouvez d'un mot favorable
Rendre mon cœur content:
Mon amour est aussi constant
Que vous êtes aimable.

ISABELLE.

Mon unique plaisir est de penser à vous,
Cher objet de ma flâme,
Vous regnez dans mon ame
Vous voir & vous aimer sont mes soins les plus doux.

VALERE.

Vous calmez les tristes allarmes
Que je ressentois en aimant:
Un espoir plein de charmes
Succede à mon tourment.
Vous calmez les tristes allarmes
Que je ressentois en aimant.

ISABELLA, VALERIO.

Ci conduce
D'amor la luce
Pe'l sentiero del gioir.

Fra le calme
Cogliam le palme
Che son premio del martir.

Ci conduce
D'amor la luce
Pe'l sentiero del gioir.

Les Danses recommencent.

UNE FRANCOISE.

L'Amour sçait toujours nous surprendre;
En vain un cœur croit s'en défendre,
S'il n'aime pas, il aimera.

Que lui sert-il d'être rebelle?
Si l'Amour l'appelle,
Il le suivra.

Une ame de glace
Quoyqu'elle fasse,
S'enflâmera.

L'Amour sçait toujours nous surprendre;
En vain un cœur croit s'en défendre,
S'il n'aime pas, il aimera.

Sens des Paroles Italiennes.

ISABELLE & VALERE *ensemble.*

Le flâmbeau de l'Amour nous guide
Dans la route des plaisirs:

Que sur nos cœurs ce Dieu préside,
Qu'il remplisse nos desirs.

Le flâmbeau de l'Amour nous guide
Dans la route des plaisirs.

CEPHISE.

Fra dolci catene,
Contento il mio cor,
Gradiſce le pene
Che tu dai, amor.

Si grato martire
Ogn'or creſcendo và:
Mi convien languire,
No, non più libertà.

Sens des Paroles Italiennes.

Ah! que tes tourmens ont de charmes!
Amour, ſans reſiſter mon cœur te rend les armes:
Dans des liens ſi doux tu le tiens arrêté
Qu'il renonce à la liberté.

Les differentes Nations ſe réüniſſent, & font un Balet general.

LE CHOEUR.

Triomphez charmantes Beautez.
Quel jour plein de gloire!
Mille Amans enchantez
Celebrent la Victoire
Que vous remportez.

Triomphez, charmantes Beautez.

Fin de la premiere Entrée.

SECOND INTERMEDE.

BACHUS, COMUS, & leur Suite.

BACHUS.

Bachus veut en ce jour vous être favorable.

COMUS.

Et le Dieu des Festins vient combler vos desirs.

ENSEMBLE.

Sans le plaisir de la Table,
Que servent les autres plaisirs?

BACHUS.

Bachus remplit vos voeux, sa liqueur vous enchante
Et fait la gloire des Repas.
D'une Bacanale charmante
Pour prix de ses faveurs offrez-lui les appas.

LE CHOEUR.

Bachus remplit nos voeux, sa liqueur nous enchante
Et fait la gloire des Repas.
D'une Bacanale charmante
Pour prix de ses faveurs offrons-lui les appas.

SECONDE ENTRÉE.

FESTE DE BUVEURS.

Le fonds du Théatre represente un Boccage.

SPECTATEURS.

SCENE PREMIERE.

LICAS *seul*.

BACHUS, divin Bachus, que tu nous rens heureux !
Tu répans par tout l'allegresse.
Les soûpirs, les soins, la tristesse
Sont faits pour les cœurs amoureux.

Un Buveur ne songe qu'à rire,
Et ne s'embarrasse de rien.
L'Amour reçoit dans son Empire
Les maux que tu bannis du tien.

En

En l'honneur du Dieu de la Treille
Nous préparons des Jeux.
Le verre en main offrons-lui tous nos vœux.
Ce n'est qu'au fonds de la bouteille
Qu'on peut trouver un sort heureux.

SCENE II.

LICAS, TIMANTE.

TIMANTE.

QUe fait Licas en ce Boccage?

LICAS.

Qui conduit Timante en ces lieux?

TIMANTE.

J'y viens chercher la Beauté qui m'engage.

LICAS.

J'y viens pour m'enyvrer d'un Nectar précieux.

ENSEMBLE.

Veux-tu m'en croire?

LICAS.

Cesse d'aimer.

TIMANTE.

Cesse de boire.

ENSEMBLE.

LICAS. { Bachus doit sur l'Amour } remporter la victoire.
TIMANTE. { L'Amour doit sur Bachus }

LICAS.

Reconnois l'Empire du Vin.

TIMANTE.

Goûte en aimant un doux destin.

ENSEMBLE.

Veux-tu m'en croire?

LICAS.

Cesse d'aimer.

TIMANTE.

Cesse de boire.

ENSEMBLE.

LICAS. { Bachus doit sur l'Amour } remporter la victoire.
TIMANTE. { L'Amour doit sur Bachus }

LICAS.

Evitons l'amoureuse ardeur.
Bachus peut faire seul le bonheur de la vie.
L'Amour affoiblit le cœur;
Mais le vin le fortifie.

TIMANTE, LICAS *ensemble.*

TIMANTE. { Soumettons-nous à l'Empire Amoureux.
Qui sçait aimer devient heureux.

LICAS. { Eloignons-nous de l'Empire Amoureux.
Qui n'aime point est trop heureux.

TIMANTE.

Voici l'aimable objet à qui je rens les armes.
C'eſt à ſes yeux
Que ces beaux lieux
Doivent leurs plus doux charmes.

LICAS.

Pauvre Amant! fais l'amour en paix.
Pour moi, je vais boire à longs traits.

SCENE III.

TIMANTE, IRIS.

TIMANTE.

CHarmante Iris, que je vous aime!
Pour vous de plus en plus je me ſens enflâmer.
Que mon bonheur ſeroit extrême!
Si votre cœur pouvoit m'aimer,
Iris, autant que je vous aime.

En vivant ſous vos loix quel ſort dois-je eſperer?
N'oſez-vous me le déclarer?

IRIS.

Quand pour moi votre cœur ſoûpire,
Je le vois bien,
Je n'en dis rien;
N'eſt-ce pas aſſez vous en dire?

TIMANTE.

Qu'un silence si doux
Est éloquent & tendre!
Vous me permettez de l'entendre,
Du sort des plus grands Rois je ne suis point jaloux.

IRIS.

On ne doit jamais nous contraindre
De prononcer le mot d'aimer.
D'abord l'Amour paroît à craindre,
Et son nom sçait nous allarmer.
Même en suivant sa loi suprême,
Notre fierté veut dominer.
On n'ose pas dire qu'on aime;
Mais on le laisse deviner.

ENSEMBLE.

Aimons-nous d'une ardeur fidelle;
Aimons-nous toujours tendrement.

Dans une flâme éternelle
Goûtons un destin charmant.

Aimons-nous d'une ardeur fidelle;
Aimons-nous toujours tendrement.

TIMANTE.

Unissons nos destins, adorable Bergere.

IRIS.

Timante, j'y consens. Mais je dépens d'un Pere ;
Et sans lui je ne puis disposer de ma foi.
Obtenez son aveu.

TIMANTE *s'en allant.*

Qui peut m'être contraire
Lorsque votre cœur est pour moi ?

LICAS *paroît.*

IRIS.

J'apperçois Licas qui s'avance.
De ce fier ennemi du Dieu qui fait aimer,
Tirons une juste vangeance.

Que j'aurai de plaisir si je puis l'enflâmer !
Feignons qu'il a sçû me charmer.

Elle se retire à l'écart.

SCENE IV.

LICAS, CLITON.

CLITON *sans voir son Maître.*

EN vous vuidant, chere bouteille,
Vous remplissez tous nos désirs.

Source des plus charmans plaisirs,
Faites briller votre liqueur vermeille.

En vous vuidant, chere bouteille,
Vous remplissez tous nos desirs.

Les soins fâcheux & les soûpirs
Ne trouvent point d'azile sous la treille.

En vous vuidant chere bouteille,
Vous remplissez tous nos desirs.

LICAS.

Ne cesseras-tu point de boire?

CLITON.

Vous ne vous en lassez jamais.
A marcher sur vos pas je mets toute ma gloire.
Dans cet aimable jus vous trouvez tant d'attraits,
Que des autres plaisirs vous perdez la mémoire.

LICAS.

Je suis le Maître, & je bois quand je veux.

CLITON.

De moi que n'en n'est-il de même!
Mais dans le triste état de mon malheur extrême,
Je ne bois que quand je peux.

Mon devoir veut que je vous serve.
J'ai souvent une soif.... & n'ose l'assouvir.

Ah! si j'avois quelqu'un pour me servir,
Je m'en donnerois sans reserve.

LICAS.

Je vois bien aujourd'hui que tu t'es ménagé.

CLITON.

Malgré soi quelquefois on se trouve engagé.
Il est vrai j'en ai dans la tête.
Peut-être que le sort autant vous en apprête?
Mais il faut s'accorder. Que chacun ait son jour.
C'est aujourd'hui le mien, demain sera le vôtre.
Croyez-moi, buvons tour-à-tour,
Afin que l'un puisse aider l'autre.

LICAS.

Soûtient-toi, rassure tes pas.

CLITON.

Bon, si je le pouvois.... hélas!

LICAS.

J'ai peine à retenir ma trop juste colere.

IRIS *paroît.*

Que veut cette jeune Bergere?

CLITON.

Sçachons le sujet qui l'ameine.
Si son cœur ressent quelque peine,
Nous pourrons par le vin dissiper son souci.

SCENE V.

IRIS, LICAS, CLITON.

IRIS, *feignant de ne pas voir Licas.*

Ah! que ma disgrace est cruelle!
Amour, ne te plais-tu qu'à faire des ingrats?

Je méprise un Amant fidele,
Je l'évite avec soin, il suit par tout mes pas.
Licas à pour moi des appas;
Et la seule bouteille à ses yeux paroît belle.

Ah! que ma disgrace est cruelle!
Amour, ne te plais-tu qu'à faire des ingrats?

CLITON *à Licas.*

C'est vous qu'elle aime. Oh! oh! l'avanture est nouvelle.

IRIS.

L'indifferent Licas riroit de mon ennui.
Qu'il ignore l'ardeur que je ressens pour lui.

LICAS *à Iris.*

Cessez, Charmante Iris, de répandre des larmes:
Je prens part à votre douleur.

Et

Et s'il ne faut qu'aimer pour calmer vos allarmes,
Je vous abandonne mon cœur.

IRIS.

Qu'entens-je? ô ciel! est-il possible
Qu'à mes tendres soupirs un Buveur soit sensible!

LICAS.

Vos yeux lancent sur moi leurs plus aimables coups;
Vous m'avez rendu le cœur tendre.
Iris, quelle gloire pour vous!
L'Amour n'eût osé l'entreprendre.

IRIS.

Que mon sort a d'appas!
A mon bonheur tout s'interesse:
Mais par ce prompt aveu de l'ardeur qui te presse,
Ne me trompes-tu pas?

LICAS.

Non, non, cette ardeur est sincere.
Je fais de vous aimer mon destin le plus doux.
Pour mieux vous le prouver, je veux à vos genoux
Briser ma bouteille & mon verre.

IRIS.

Quoi, perfide, tu peux trahir le Dieu du Vin!
Ah! je crains pour l'Amour un semblable destin.

Je ne veux point d'un infidele.
Qui voudra désormais se fier à ta foi?

Malgré tous les sermens d'une amour éternelle,
Tu veux sacrifier ta bouteille pour moi!
Tu me sacrifierois pour elle.
Je ne veux point d'un infidele.

CLITON.

Certes, le trait est noir!

LICAS.

Que j'en suis outragé!

IRIS.

Tu méprisois l'Amour, & l'Amour est vangé.

LICAS.

C'en est trop. Je brise ma chaîne.
Je veux fuir à jamais vos appas dangereux.
C'est de vous aujourd'hui que j'apprens, inhumaine,
Qu'il suffit d'être Amant pour cesser d'être heureux.

Je sors de mon erreur. Je reconnois mon crime.
Quoi, du Fils de Venus j'ai ressenti les coups!
Dieu du Vin, par quelle victime
Pourrai-je appaiser ton courroux?

Rassemblons nos Buveurs. Réparons sous la treille
L'outrage que j'ai fait à ma chere bouteille.

SCENE VI.

IRIS, TIMANTE, TROUPE de Bergers & de Bergeres.

TIMANTE *à Iris.*

DAns ce jour où Bachus nous offre ses plaisirs,
Le sort le plus heureux doit combler nos desirs.

Tout cede au doux transport qui regne dans mon ame,
Votre pere approuve mes feux.
Chantez, tendres Bergers, l'ardeur qui vous enflâme,
Et celebrez l'Hymen qui va nous rendre heureux.

LE CHOEUR.

Chantons l'ardeur qui les enflâme,
Et celebrons l'Hymen qui va les rendre heureux.

Le fonds du Théatre s'ouvre. On voit une Treille sous laquelle paroissent plusieurs Buveurs couronnez de lierre. Ils forment une Marche au son de differents Instrumens convenables à une Fête Bachique.

SCENE VII.

LICAS, TROUPE DE BUVEURS.

Les Acteurs de la Scene précedente.

CHOEUR *des Buveurs.*

SUivons Bachus, chantons sa gloire.
Le vrai bonheur est de bien boire.

LICAS.

Que tout partage ici la douceur de nos Jeux.

Je ne viens pas, Iris, me plaindre de l'injure
Que vous avez faite à mes feux.
Le vin a dans mon cœur étouffé tout murmure.

Il faut sortir de l'Empire amoureux
Quand un vain espoir nous abuse.
C'est dans le vin qu'un Amant malheureux
Sçait trouver le repos que l'Amour lui refuse.

Danses de Buveurs.

UN BUVEUR.

Mes chers amis, sous ce feüillage
Buvons, buvons de ce jus précieux.
Il vaut bien le Nectar des Dieux.

Celebrons ce charmant breuvage
Par nos Chansons.
Bachus prendra pour un hommage
Chaque coup que nous boirons.

Plusieurs Bergers & Bergeres arrivent au son des Musettes, pour prendre part au bonheur de Timante & d'Iris.

SCENE VIII.

TOUS LES ACTEURS DE LA SCENE precedente, Troupe de Bergers & de Bergeres dansants ; une Bergere chantante. Bergers joüants de la Musette.

UNE BERGERE.

ACcordons, Bergers, nos Musettes
Au doux murmure des Eaux.

Faisons repeter aux Echos
Les plus aimables Chansonnettes.

Accordons, Bergers, nos Musettes
Au doux murmure des Eaux.

Formons dans ces belles retraites
Des jeux & des concerts nouveaux.

Accordons, Bergers, nos Musettes
Au doux murmure des Eaux.

Danses de Bergers.

LA BERGERE.

Dans ce séjour rempli d'attraits
L'Amour exerce sa puissance,
Et sur nos cœurs lance ses plus doux traits.
Suivons ce Dieu sans résistance:
Lorsqu'il fait naître nos desirs,
Il prépare nos plaisirs.

Les Buveurs mêlent leurs danses à celles des Bergers.

LE CHOEUR *des Buveurs.*

Suivons Bachus, chantons sa gloire.
Le vrai bonheur est de bien boire.

Fin de la seconde Entrée.

TROISIE'ME INTERMEDE.

MOMUS, Suivants de Momus.

MOMUS.

JE viens mêler à vos Concerts charmans
D'un spectacle badin l'agréable Folie.

Livrez-vous aux amusemens
Où Momus vous convie.
Les Ris, les Jeux, les Divertissemens
Font oublier les chagrins de la vie.

TROISIÉME ENTRÉE.

LE JALOUX PUNI, OU LA SERENADE,

COMEDIE.

Le Fonds du Théatre represente une Place Publique.

La Scene se passe pendant la nuit.

SPECTATEURS.

SCENE PREMIERE.

ALCANTOR.

N vain, paisible nuit, ton retour nous invite
A goûter du repos les charmes les plus doux.

Dans

Dans ta tranquilité mon noir chagrin s'irrite.
Le sommeil n'est point fait pour les Amans jaloux.

Hélas ! que ma peine est cruelle !
Je veille en ces lieux nuit & jour ;
Et rien ne peut rassûrer mon Amour.
Chaque instant je me fais une peine nouvelle
D'un frivole sujet ;
Et le plus vain objet
Glace mes sens émus d'une crainte mortelle.

Ah ! que l'Amour est un cruel tourment
Quand on ne peut aimer tranquillement !

Que vois-je ! mon Rival assiége cette porte !

Il met l'epée à la main.

Traître, tu ne sçaurois éviter ma fureur.
Que veux-tu ? . . . répons-moi . . . ce n'est rien ! où m'emporte
Une fatale erreur !

Que Clarice déjà n'est-elle en ma puissance !
Mille grilles, mille verroux
Délivreroient mon cœur jaloux
Des tourmens de la défiance.

Clarice sort avec Elise. Alcantor s'approche pour reconnoître qui c'est.

SCENE II.

CLARICE, ALCANTOR, ELISE.

ALCANTOR *ayant reconnu Clarice.*

JUste Ciel ! quel sujet vous conduit en ces lieux ?

CLARICE.

J'y venois pour entendre un Concert gracieux.

ALCANTOR.

Tous les Concertans sont en fuite.
Ils se sont dérobez à ma juste poursuite.
Au milieu de la nuit les accords les plus beaux
Pourroient troubler votre repos.

Voyez à quoi votre interêt m'engage,
J'ai fait contre ces importuns
Soulever tout le voisinage.
Et d'ailleurs ce Concert étoit des plus communs.

CLARICE.

Ces soins sont genereux. Ils prouvent de votre ame
Les veritables sentimens.

ALCANTOR.

Ah ! quand vous allumez une si vive flâme,
Pouvez-vous ignorer quels sont ses mouvemens ?

CLARICE.

Non, je n'en doute plus, & cette jalousie,
Dont votre ame est saisie,
N'éclate que trop à mes yeux.
Mais sçachez qu'un jaloux est un monstre odieux.

ALCANTOR.

De ces transports, dont votre ardeur s'offense,
L'Hymen sçaura calmer toute la violence.

CLARICE.

Quel droit avez-vous sur mon cœur?

ALCANTOR.

Hé quoi! n'avez-vous pas flaté mon esperance?

CLARICE.

Vous cachiez votre amour sous un voile imposteur.
Je me trompois à l'apparence.

On doit fuir le danger quand on l'a sçû prévoir.

ALCANTOR.

Ah! ne me privez pas d'un si charmant espoir.

CLARICE.

Non, je veux éviter une chaîne effroyable,
Et j'y renonce sans retour.
Les nœuds d'Hymen n'ont rien d'aimable
Que ce qu'ils tiennent de l'Amour.

ALCANTOR.

O Ciel! de vos rigueurs je deviens la victime!
Sous un prétexte vain vous voulez me trahir.
Mon amour ſeul fait tout mon crime.

CLARICE.

Puiſſiez-vous plûtôt me haïr.

ALCANTOR.

Ah! je comprens par ce langage
Qu'un Amant plus heureux regne dans votre cœur.
Aprés un ſi cruel outrage,
Craignez tout d'un amour qu'anime la fureur.
Je ſuivrai les tranſports de ma jalouſe rage,
Et dans mon deſeſpoir fatal,
Freres, parens, amis, tout me ſera rival.

Il ſort en fureur.

SCENE III.

CLARICE, ELISE.

CLARICE.

J'Ay contraint ma douleur.

ELISE.

Quel mal ſaiſit Clarice?

CLARICE.

Tu ſçais que cette nuit Liſis reçoit ma foi ;
Et ce Concert n'étoit qu'un artifice
Pour l'introduire chez moi.
Je crains que dans ce tumulte
Liſis de ſon Rival n'ait reçû quelque inſulte.
C'eſt ce qui cauſe mon effroi.

ELISE.

Vous connoiſſez ſa valeur, ſa prudence.
Alcantor pour Liſis eſt un foible ennemi.

CLARICE.

Entre la crainte & l'eſperance
Ah ! qu'un cœur eſt mal affermi !

ENSEMBLE.

Les cœurs dans l'amoureux miſtere
Sont agitez à tout moment ;
L'Amour d'un mal imaginaire
Fait un veritable tourment.

ELISE.

J'entens quelqu'un. Rentrons.

CLARICE.

Digne objet de ma flâme,
Viens rendre le calme à mon ame.

SCENE IV.

GUSMAN *seul.*

J'Ay voulu tantôt dans ces lieux
Faire entendre le son d'une douce harmonie;
Mais les gens du quartier ne sont pas curieux
D'une nocturne Symphonie.
Mon dos a rudement pâti
D'avoir avec chaleur soutenu le parti.
Maintenant, quoyqu'ils puissent faire,
Nous ne craignons plus leur colere.

Venez, amis, approchez tous.
Qu'on commence la Sérenade.
Si le Peuple grossier veut nous faire incartade,
Nous sçaurons repousser ses coups.

SCENE V.

GUSMAN, MUSICIENS *chantants*, MUSICIENS *joüants de differens Instrumens*, UNE MUSICIENNE, *Troupe de gens armez qui escortent les Musiciens.*

LE CHOEUR.

EVeillez-vous, tendres Amans,
Que tout soit attentif à nos accords charmans.

GUSMAN.

Souvent les ardeurs fidelles
Craignent l'éclat du grand jour.
Le voile de la nuit sçait aider à l'Amour
A trouver accès chez les Belles.

LISIS *& plusieurs de ses parens & amis entrent dans le logis de Clarice.*

LE CHOEUR.

Eveillez-vous, tendre Amans,
Que tout soit attentif à nos accords charmans.

UNE MUSICIENNE.

Beautez, des tendres amours
Suivez les traces cheries.

Pour les plaiſirs veillez toujours:
Que vos rigueurs ſoient ſeules endormies.

LE CHOEUR.

Eveillez-vous, tendres Amans.
Que tout ſoit attentif à nos accords charmans.

GUSMAN *aux Muſiciens.*

Enfin, par votre miniſtere,
Nos Amans ſont en ſeureté.
Votre ſoin n'eſt plus neceſſaire:
Vous pouvez deſormais partir en liberté.

Les Muſiciens ſe retirent.

SCENE VI.

GUSMAN *ſeul.*

AH! que la ſervitude
A des cœurs bien placez cauſe d'inquietude!
Mais il n'eſt point de ſort plus malheureux
Que de ſervir un amoureux.

Sur un frivole eſpoir, dont on ſçait ſe répaître,
Il faut être toujours le ſinge de ſon Maître:
Gai dans ſa belle humeur, ſombre dans ſon ennui,
Rire ou s'attriſter avec lui.

Quelle

Quelle étrange manie
A dans tous les états un tel jeu concerté !
Sous un caractere emprunté,
Que de gens font par flaterie,
Ce que dans le malheur d'une indigente vie,
Nous faisons par necessité !

Un heureux mariage
De Lisis va remplir les vœux.
Entrons dans ce logis sans tarder davantage.
Les mets les plus exquis, le plus charmant breuvage
Me feront oublier mille incidens fâcheux.

Il veut entrer dans le logis de Clarice, & est arrêté par Alcantor.

SCENE DERNIERE.

ALCANTOR, GUSMAN, LISIS *qui paroît sur le balcon de Clarice.*

ALCANTOR *à Gusman.*

QUel sujet ici vous ameine ?
De grace, contentez mon desir curieux.

GUSMAN *tremblant.*

En verité.... Monsieur.... vous prenez.... trop de peine.

Mais....

Il apperçoit Lisis sur le balcon de Clarice, & continuë d'un ton ferme en le montrant à Alcantor.

L'homme que voici vous en instruira mieux.

ALCANTOR.

Lisis est mon Rival! je suis trahi, grands Dieux!

LISIS *à Alcantor.*

Il n'est plus tems de feindre, apprens que de Clarice
Je suis enfin l'heureux Epoux.
Quand tu troublois nos feux par tes transports jaloux,
L'Amour s'armoit pour ton suplice.

ALCANTOR.

Je suis frappé d'un coup que je n'ai sçû prevoir.
O mortelle douleur! ô rage! ô desespoir!
Il sort.

GUSMAN.

Amans jaloux, dans vos fatales chaînes,
Vous ne formez que d'impuissans desirs.
Vous nous enviez les plaisirs
Et l'Amour se rit de vos peines.

Fin de la troisiéme & derniere Entrée.

DERNIER INTERMEDE

MASCARADE.

Le Théatre change, & represente un lieu préparé pour une Mascarade.

LE CARNAVAL *paroît dans une Machine ornée de ses attributs, il est acompagné d'un grand nombre de Masques & de Personnages Comiques.*

LE CARNAVAL.

Ma presence en tous lieux inspire l'allegresse.
Voulez-vous vivre heureux ? rangez-vous sous ma loi.
Je charme les ennuis, je bannis la tristesse,
Et le chagrin fuit devant moi.

Par tout me suit le badinage.
Des plus fieres Beautez j'adoucis les rigueurs:
Et dés qu'on ressent mes ardeurs,
Il n'est plus permis d'être sage.

Esperez un sort plein d'appas,
Amans, qui languissez dans une rude chaîne.

Où je porte mes pas
On ne trouve point d'inhumaine.

On danse.

LE CHOEUR.

Regnez, Plaisirs pleins de charmes,
Faites briller vos attraits.
Dissipez les chagrins, bannissez les allarmes,
Regnez, Plaisirs pleins de charmes,
Regnez dans ces lieux à jamais.

Les danses continuënt.

UN MASQUE.

Chi d'Amor sciolto và,
Suoi lacci proverà.

Chi lo stral non sentì,
Sarà ferito un dì.

Chi d'Amor sciolto và,
Suoi lacci proverà.

Ami, chi non amò,
Auvampi, chi gelò.

Chi d'Amor sciolto và,
Suoi lacci proverà.

Sens des Paroles Italiennes.

Qui fuit les liens de l'Amour,
S'y doit engager à son tour.
Qui n'a point éprouvé sa flâme,
Y laissera charmer son ame;
Et ce Dieu par ses traits vainqueurs,
Triomphera de tous les cœurs.

UNE DAME *deguisée.*

Au Printems de l'âge,
Beautez, quel avantage
De tout soumettre au pouvoir de vos yeux!
Profitez d'un tems précieux.
Les Plaisirs les plus doux sont votre heureux partage.
Pour vous le tendre Amour vole dans ces beaux lieux.

Les Masques & les Personnages Comiques forment un Balet general.

LE CHOEUR.

Regnez, Plaisirs pleins de charmes,
Faites briller vos attraits.

Dissipez les chagrins, bannissez les allarmes.
Regnez, Plaisirs pleins de charmes,
Regnez dans ces lieux à jamais.

FIN DU BALET.

APPROBATION.

J'AY lû par ordre de Monseigneur le Chancelier, *Les Plaisirs de la Paix, Balet*: & n'ai rien trouvé qui en doive empêcher l'Impression. Fait à Paris le Avril 1715.

DANCHET.

www.ingramcontent.com/pod-product-compliance
Ingram Content Group UK Ltd.
Pitfield, Milton Keynes, MK11 3LW, UK
UKHW012105240726
13965UKWH00004B/1567